BEI GRIN MACHT SICH IHR WISSEN BEZAHLT

- Wir veröffentlichen Ihre Hausarbeit,
  Bachelor- und Masterarbeit

- Ihr eigenes eBook und Buch -
  weltweit in allen wichtigen Shops

- Verdienen Sie an jedem Verkauf

Jetzt bei www.GRIN.com hochladen
und kostenlos publizieren

Bibliografische Information der Deutschen Nationalbibliothek:

Die Deutsche Bibliothek verzeichnet diese Publikation in der Deutschen National-
bibliografie; detaillierte bibliografische Daten sind im Internet über http://dnb.d-
nb.de/ abrufbar.

Impressum:

Copyright © 2016 GRIN Verlag, Open Publishing GmbH
Druck und Bindung: Books on Demand GmbH, Norderstedt Germany
ISBN: 9783668518711

Dieses Buch bei GRIN:

http://www.grin.com/de/e-book/372940/christenverfolgung-im-roemischen-reich

Winfried Kumpitsch

Christenverfolgung im römischen Reich

GRIN Verlag

Christenverfolgungen

(Referat)

Inhaltsverzeichnis

Einleitung

Wenn man sich mit dem frühen Christentum und seiner Verbreitung im römischen Reich beschäftigt, wird man zwangsläufig auch mit dem Thema der Christenverfolgungen konfrontiert. Nach kurzer Recherche sticht dem aufmerksam Forschendem ein Umstand besonders ins Auge, nämlich die Ungleichmäßigkeit der Quellenherkunft und die verschiedenen Aussageintentionen zu diesem Thema.

Von christlicher Seite ist eine Vielzahl an Schriften und Äußerungen dazu zu finden, deren Ziele weit gefächert sind. In den Evangelien wird die Ansicht vertreten, dass Verfolgung Teil der Mission und somit heilsbringend ist.[1] Die Apologeten des 2. Jh. n. Chr. sind einerseits darum bemüht, die Wahrheit des Glaubens und die Ungerechtigkeit der Christenverfolgungen zu beweisen, die verfolgenden Kaiser als auch von den Heiden gehasste Menschen darzustellen und durch die positive Bewertung nicht verfolgender Kaiser, das Wohlwollen der aktuellen Kaiser zu erlangen, andererseits beschreiben sie die Strafen der Verfolger und die Freuden der in der Verfolgung Standhaften im Jenseits.[2]

Die mit der zunehmenden Häufung von Christenprozessen entstandenen sogenannten Märtyrerakten vermitteln uns die Sicht der Verfolgten auf die Verfolgung und die daraufhin stattfindenden Gerichtsverfahren. Die Schriften des 3. Jh. befassen sich unter anderem mit, durch die Verfolgungen ausgelösten, innerchristlichen Problemen und die Kirchengeschichten des 4. Jh. n. Chr. wollen den Kampf der Heiden gegen die Kirche dokumentieren und zeigen, dass die Verfolger Gottes gerechter Strafe nicht entgehen konnten.[3]

Dem gegenüber steht eine bemerkenswerte Leere von Seiten der Heiden. Erwähnungen von Christen und damit verbundenen Verfolgungen sind in der Historiographie selten, und oftmals wird sogar in Kontexten, in denen man eine Erwähnung erwarten könnte, über das Thema stillschweigend hinweg gegangen.[4]

Im 2. Jh. n. Chr. streifen Verwaltung, Literatur und Philosophie die Christenthematik wenn, dann nur kurz und oftmals oberflächlich und von den polemischen Schriften gegen das Christentum sind uns nur die christlichen Gegenschriften erhalten geblieben.[5] Diese so

---

[1] Lk 6, 22; Mt 9, 35; 11, 1; 10, 17-23; Mk 13, 9-13.
[2] J. Vogt: *RAC* II (1954) Sp. 1160 sv. Christenverfolgung I (historisch).
[3] Vogt, 1954 Sp. 1161.
[4] Aur. Vict. XXXIX, 44-45 Berichtet ausführlich über die Abschaffung der verhassten *frumentarier* um dann in nur einem Satz die Religionspolitik des Diocletian zu behandeln: *„Den ältesten Kulten ließ man in größter Reinheit Pflege angedeihen, und auf bewundernswerte Weise wurden mit ganz und gar neuen und schön verzierten Mauern die römischen Hügel sowie weitere Städte geschmückt, vor allem Karthago, Mailand und Nikomedien."*
[5] Vogt, 1954 Sp. 1161-1162.

enorme Spannweite an Motiven und Quellengattungen mit gleichzeitiger Fülle an dunklen Flecken erschwert die Beschäftigung mit der Geschichte und Entwicklung der Christenverfolgungen im römischen Reich.

Zusätzlich erschwert wird die Bewertung des historischen Gehaltes von Berichten durch den Umstand, dass die in der *Kirchengeschichte* des Eusebius genannten 10 Verfolgungen seit Orosius parallel zu den 10 Plagen des AT gedeutet wurden, d.h. dass unter den verfolgenden Kaisern zu den ägyptischen Plagen äquivalente Katastrophen über das Reich hereinbrachen, und daher auch einiges an schöpferischer Phantasie in dem einem oder anderen Bericht auszusondieren ist.[6] Dieses, in der patristischen Literatur häufig verwendete, Schema führt daher „Verfolgungen" unter 10 Kaisern, nämlich Nero, Domitian, Trajan, Antoninus Pius, Septimius Severus, Maximinus Thrax, Decius, Valerian, Aurelian, Diokletian und Maximian an.[7]

I Verfolgung durch die Juden

Die frühesten Berichte über Verfolgungen von Christen durch Juden werden uns jedoch in der Apostelgeschichte überliefert. So wurde Stephanus gesteinigt, da er die Aufmerksamkeit einiger Pharisäer erregte und seine Verteidigungsrede nicht gebilligt wurde, und so wurde er zum ersten Märtyrer.[8] Jakobus der Ältere soll von König Herodes Agrippa zum Tode verurteilt worden sein, wobei wir keine näheren Angaben über das Motiv erhalten[9], und Flavius Josephus berichtet vom Tod des Jakobus des Gerechten.[10]

Diese frühen Verfolgungen gehen primär von den Juden aus, die dadurch eine weitere Ausbreitung der, aus ihrer Sicht Irrlehre des Jesus, verhindern wollen. Aus genau diesem Grunde, Anhänger des Jesus aufzuspüren und zu bestrafen, reist Saulus im Auftrag des Hohen Rates nach Damaskus, wo er dann sein berühmtes Erlebnis hat und infolge zum Paulus wird und vor den Nachstellungen der jüdischen Gemeinde nächtens aus der Stadt fliehen muss.[11] Die Apostelgeschichte berichtet immer wieder davon, dass auch in den jüdischen Gemeinden außerhalb Israels die Christen, sobald sie anfingen Fuß zu fassen und als "anders" erkannt

---

[6] Vogt, 1954 Sp. 1161.
[7] Oros. VII 27; Augustinus kritisiert jenes zehner Schema dadurch, dass er auf die ersten Märtyrer unter den Juden verweist, die eben nicht als Verfolgung gezählt werden: Aug. De civ. Dei XVIII, 52
[8] Apg 6, 8 -7, 60.
[9] Apg 12, 1-3.
[10] Flav. Jos., Ant. Iud., XX 9.
[11] Apg. 9.

wurden, von den Juden bekämpft wurden.[12] Dass trotz der aktiven Feindschaft der Juden den Christen gegenüber, das Christentum sich weiter verbreitete war dem Umstand geschuldet, dass sich die Position des Paulus durchgesetzt hatte und dadurch kein vorheriger Übertritt zum Judentum notwendig wurde um Christ zu werden.

Da die Juden irgendwann einmal einsehen mussten, dass mit einer Ausrottung der Christen nicht mehr zu rechnen war, wurde um 85/90 n. Chr. in Jabne/Jamnia mit dem sogenannten Ketzerfluch (Birkat ha-Minim) ins Achtzehnbittengebet die Vernichtung der Christen in die Hände Gottes gelegt.[13]

Mit der Ausbreitung des Christentum über die Grenzen Israels hinaus gerieten die Christen aber nicht nur mit den dort ansässigen Juden, sondern auch mit der einheimischen Bevölkerung in Konflikt. Da die Auseinandersetzungen zwischen den Juden und den Christen sehr oft mehr oder weniger heftige Unruhen hervorriefen, mussten immer wieder die römischen Magistrate einschreiten und für Ordnung sorgen. Wobei es sich in den Augen der Römer um Streit zwischen Juden handelte und nicht um Streit zwischen zwei verschiedenen Religionen. Dadurch ist die Geschichte des frühen Christentums aber mittels heidnischer Quellen kaum zu verfolgen, da bei Erwähnungen nicht klar erkennbar ist, ob es sich um Juden oder um damals noch als Juden wahrgenommene Christen handelte.

So dürfte möglicherweise die, wegen Gefährdung der öffentlichen Ordnung, im Jahre 49 n. erfolgte Ausweisung der Juden aus Rom[14] auf den Konflikt zwischen Juden und Christen zurückzuführen sein.[15] Zumindest trifft Paulus in der Apostelgeschichte einige Mitglieder der römischen Gemeinde die sich, nach der Vertreibung durch Claudius, in Korinth niedergelassen hatten.[16]

II Verfolgung seitens der Heiden

Es bedurfte aber nicht immer der Auseinandersetzung mit den Juden, um die Aufmerksamkeit der Magistrate zu erringen. Seit der Hinwendung zur Heidenmission konnte es, bei entsprechend geringem Zartgefühl in der Verbreitung des Evangeliums, durchaus vorkommen, dass der eifrige Missionar sich mit einem wütendem griechisch-heidnischen

---

[12] z.B. Apg 14, 2-5; 14, 19-20; Röm 12.
[13] Gustav Wilhelm Nebe: *Text und Sprache der hebräischen Weisheitsschrift aus der Kairoer Geniza.* (Heidelberger Orientalische Studien). Heidelberg, 1993 S. 285-86.
[14] Suet. Claud. 25,4.
[15] Udo, Schnelle: *Die ersten 100 Jahre des Christentums. 30-130 n. Chr. Die Entstehungsgeschichte einer Weltreligion.* Stuttgart, 2015. S. 194-195.
[16] Apg 18, 1-3.

4

Mob konfrontiert sah. So wurde Paulus in Ikonion beinahe[17] und in Lystra bewusstlos gesteinigt, weil er den Jupiterkult kritisierte[18] und in Ephesos währen beinahe zwei Begleiter des Paulus getötet worden, als es zu einem Aufruhr unter den Silberschmieden kam, da diese durch die Botschaft des Paulus ihren Absatz an Götterstatuetten gefährdet sahen.[19] Wie die Anzeige des Paulus bei Statthalter Festus[20] zeigt, dürften sich des öfteren nicht nur die Heiden, sondern auch die Juden an die Magistrate gewandt haben, um sich über besonders ärgerliche Christen zu beschweren.[21]

III Verfolgung durch die Römer

Die Christen wurden also im besten Fall als eine jüdische Splittergruppe wahrgenommen. Nun waren aber bereits die Juden bei einem Großteil der Reichsbevölkerung wenig angesehen und mit sehr vielen Vorurteilen behaftet. Daher ist es nicht wirklich überraschend, dass auch die Christen mit den gängigen Vorwürfen gegen Juden, *flagitia* und des *odium humanis generis*, bedacht wurden.[22] Dies sollte sich für die Zukunft als verhängnisvoll erweisen.

1. Unter Nero

Denn als 64 n. Chr. große Teile Roms abbrannten konnte Kaiser Nero, der laut Tacitus in Verdacht geraten war am Brand schuld zu sein,[23] die Vorurteile gegen die Christen zu seinen Gunsten ausnutzen und ihnen die Schuld am Brand zuschieben.[24] Angeblich sollen auch die Apostel Petrus und Paulus im Zuge dieser „ersten Christenverfolgung" hingerichtete worden sein.[25] Leider gibt es dafür keinerlei außerchristliche Belege. Auch wenn der Anlass bei dieser ersten, von einem Kaiser angeordneten Verfolgung eindeutig der eines vorgeworfenen Strafdeliktes und nicht religiöse Feindschaft war, wurde aus späterer christlicher Sicht Nero zum ersten Christenfeind "hochstilisiert"[26] und als der Beginn einer Entwicklung, in der den Christen für alles mögliche die Schuld zugewiesen wurde, angesehen.[27]

---

[17] Apg 14, 5-6.
[18] Apg 14, 16-20.
[19] Apg. 19, 21-40.
[20] Apg 25, 1.
[21] Schnelle, 2015 S. 197-198
[22] Plin. epist. X 96; Tert. apol. 1, 1; Vogt, 1954 Sp. 1165.
[23] Tac. ann. XV 38, 1; 39, 3; 40, 2; 44, 3
[24] Tac. ann. XV 44, 3-4.
[25] 1. Clem. 5, 1; 6, 2
[26] Tert. apol. 5, 2; 21, 5
[27] Tert. nat. 1, 7, 8f; apol. 1, 1

2. Unter Domitian und Nerva

Auch unter Domitian soll es 95 n. Chr. in Rom zu einem Vorgehen gegen Christen gekommen sein. Cassius Dio berichtet, dass während dieser "Verfolgung" auch der Vetter von Domitian, Titus Flavius Clemens, und dessen Frau Flavia Domitilla und noch einige andere, die sich *„in die jüdischen Sitten verirrt"* hatten, wegen Gottlosigkeit (ἀθεότητος) von Domitian hingerichtet bzw. verbannt worden sein sollen.[28]

Über Domitians Nachfolger Nerva heißt es: *„Und niemand mehr durfte Anzeige wegen Majestätsbeleidigung* [ἀσεβείᾳ] *und wegen Annahme jüdischer Lebensweise erheben."*[29] Auch der um die Jahrhundertwende datierte 1. Clemensbrief lässt auf eine überstandene Bedrohung der Gemeinde zu Rom schließen, bei der es sich, aufgrund der Nennung des positiven Beispiels des Martyriums von Petrus und Paulus, nur um eine Verfolgung handeln kann.[30] Unklar bleiben muss aber, ob 1. mit den *jüdischen Sitten* wirklich eine Hinwendung zum Christentum gemeint ist. Denn sollte hiermit wirklich eine Konversion gemeint sein, so handelt es sich hierbei um die ersten Christen in einem römischen Kaiserhaus, denn ein Übertritt zum Judentum ist schwerlich vorstellbar. Für diesen hätte es nämlich der Beschneidung des Titus Flavius Clemens bedurft, und die absichtliche Verstümmelung des menschlichen Körpers war für römische Bürger verboten! Wenn aber nur das hegen besondere Sympathien gemeint ist, so muss die Frage unbeantwortet bleiben. Denn das Judentum kannte interessierte Heiden die nicht zwangsläufig konvertierten als θεοσεβής.[31] Weiter bleibt unklar ob 2. ein kausaler Konnex zwischen dem Vorgehen des Kaisers gegen seinen Vetter und den erschlossenen Verfolgungen der Christen besteht, oder ob es zwei voneinander unabhängige Ereignisse waren, die bloß zeitgleich stattgefunden haben und später in der Historiographie zusammengefügt worden sind und ob 3. Domitian überhaupt Christen verfolgt hat und ob es nicht vielmehr, wie 177 n. Chr. in Lugdunum, spontane Volkspogrome waren, die man später dem Kaiser anlastete. Offen bleiben muss leider auch die Frage, ob das *coemeterium Domitillae*, das älteste Begräbnisfeld der römischen Christen, wirklich nach dieser Flavia Domitilla benannt ist oder nicht.[32]

---

[28] Cass. Dio LXVII, 14.
[29] Cass. Dio. LXVIII 1, 2.
[30] 1. Clem. 1,1; 7,1.
[31] Marcel Simon: *RAC* XI (1981) Sp. 1060-1061 s.v. Gottesfürchtiger.
[32] Vogt, 1954 Sp. 1169 der dies bejaht und A. M. Schneider: Die ältesten Denkmäler der Römischen Kirche. in: *Festschrift zur Feier des 200 jährigen Bestehens der Akademie der Wissenschaften in Göttingen. Bd. 2* Göttingen, 1951 S.182 der dies verneint.

3. Unter Trajan

Die ersten Informationen über die Sicht eines römischen Magistratsbeamten auf die Christenthematik erhalten wir im Jahr 112 n. Chr. aus dem sog. Christenbrief des Plinius Secundus an Kaiser Trajan.[33] In diesem Brief fragt Plinius, der als Statthalter in Bithynien tätig ist, den Kaiser, wie er denn mit den von ihm festgenommenen Christen zu verfahren habe und beschreibt auch gleich wie er bisher verfahren ist. Besonders unsicher ist Plinius in der Frage, ob denn Christ zu sein an sich *(nomen ipsum)* oder erst die mit dem Namen verbundenen Verbrechen *(an flagitia cohaerentia nomini puniantur)* zu bestrafen sind. Sehr interessant ist die Antwort des Trajan.[34] Dieser beurteilt das bisherige Vorgehen zwar als richtig, trägt aber auf keine weiteren Nachforschungen in dieser Thematik anzustellen, es sei denn, es werden Anzeigen eingereicht. Bei erfolgter Anzeige sind die Christen, wenn sie sich weigern das geforderte Opfer zu vollziehen, zu bestrafen. Dieses Rescript des Trajan wurde für die nächsten 150 Jahre die Handlungsnorm römischer Magistrate im Umgang mit den Christen.[35] Diese von Trajan festgesetzte merkwürdige Mischung aus Passivität und Aktivität wird von Tertullian in seiner Apologie des Christentums folgendermaßen kritisiert:

„Wenn es gewiß ist, daß wir so große Verbrecher sind, warum werden wir von euch anders behandelt als unseresgleichen, die übrigen Verbrecher? Es müßte bei gleicher Schuldbarkeit doch auch die gleiche Behandlung eintreten. [...] Im Gegenteil, wir finden, daß sogar das Nachforschen nach uns verboten ist. Eine Entscheidung, die unvermeidlich verworren ausfallen mußte! [...] Er[Trajan] sagt, wie bei Unschuldigen, man solle nicht auf sie fahnden, und befiehlt, sie doch, gleich Schuldigen, zu bestrafen! Er schont und wütet, er vertuscht und straft! Warum, o Zensor, umgarnst du dich selbst? Wenn du verdammst, warum läßest du nicht auch fahnden? Wenn du nicht fahnden läßest, warum sprichst du nicht auch frei? Zur Aufsuchung der Räuber wird in allen Provinzen eine Abteilung Soldaten beordert, gegen Majestätsverbrecher und Hochverräter wird jedermann zum Soldaten, bis auf die Helfer und Mitwisser wird die Nachsuchung ausgedehnt. Den Christen allein darf man nicht aufsuchen, wohl aber denunzieren, als ob die Aufsuchung etwas anderes bezweckte, als vor Gericht zu stellen. Ihr verurteilt also den Denunzierten, den doch niemand aufgesucht wissen wollte. Die Strafe also, so muß ich denken, hat er nicht deswegen verdient, weil er schuldig ist, sondern weil er als ein solcher erfunden wurde, auf den man nicht fahnden darf." (Tert. Ap. 2)

Da sich die Reichsverwaltung des 2. Jahrhunderts an die von Trajan vorgeschriebene Praxis hielt, kam es zu keinen staatlich gelenkten Verfolgungen. Dennoch war das Christentum nicht ungefährdet, denn wie im ersten Jahrhundert kam es weiterhin zu spontanen

---

[33] Plin. epist. X 96
[34] Plin. epist. X 97
[35] Vogt, 1954 Sp. 1171

Unmutsausbrüchen und Pogromen der jeweiligen lokalen Bevölkerung gegenüber den christlichen Gemeinden.[36]

4. Unter Antonius Pius und Marc Aurel

Unter Antoninus Pius kam es 155 n. Chr. in Smyrna zu einem Pogrom, in dessen Verlauf Bischof Polykarp das Martyrium erlitt.[37] Die regional teilweise aufgeheizte Stimmung wurde keineswegs dadurch entschärft, dass Marc Aurel ein Edikt gegen religiöse Unruhestifter erließ. Dieses wurde nun natürlich auch gegen Christen angewandt! Während des Quaden- und Markomannenkrieges des Marc Aurel kam es um 177 n. Chr. in Lugdunum, dem Zentrum des Kaiserkultes in Gallien, und Vienna zu blutigen Ausschreitungen gegen die christlichen Gemeinden[38], da diese in der angespannten Situation die Teilnahme am Kaiserkult verweigerten und vermutlich sogar öffentliche Kritik an dieser Praxis übten. Im 2. Jh. n. Chr. gab es eine Vielzahl an Pamphleten gegen das Christentum, aber auch zum Teil direkt an die Kaiser gerichtete Apologien.[39]

5. Unter den Severern

Mit der Herrschaftszeit der Severer wird eine besonders zwiespältige Phase verbunden. Einerseits erfuhren einzelne besonders gebildete Christen von Seiten der Kaiserfamilie Wohlwollen[40], andererseits entstand, aufgrund der immer wieder kommenden Krisen, in der Bevölkerung die Vorstellung, dass nur durch strikte Einhaltung des "alten" Kultes die Gunst der Götter erhalten werden könne[41], damit einher ging eine verstärkt antichristliche Haltung.[42]

Daher wirkt es zunächst nicht verwunderlich, dass Septimius Severus 201 n. Chr. ein Verbot erließ, dass die Konversion zum Juden- oder Christentum unter Strafe stellte.[43] Allerdings wurde der *Historia Augusta* folgend nur die Konversion, nicht aber das Sein an sich bestraft. Es ist zu schade, dass dieses Edikt nicht im Wortlaut erhalten ist, denn dann wäre ersichtlich,

---

[36] Vogt, 1954 Sp. 1174-75
[37] Eus. hist. eccl. IV 15, 1-45
[38] Eus. hist. eccl. V 2-4.
[39] Vogt, 1954 Sp. 1176-77; Dig. 48. 19. 30.
[40] Vogt, 1954 Sp. 1178.
[41] Cass. Dio. LII 36,1; vgl. Reinhard, Selinger: *Die Religionspolitik des Kaiser Decius. Anatomie einer Christenverfolgung.* Frankfurt, 1994 S. 22-23; vgl. Vogt, 1952 Sp.1179.
[42] W. Portmann, Zu den Motiven der diokletianischen Christenverfolgung. *Historia* 39, 1990, S. 237.
[43] HA. Sept. Sev. XVII 1.

ob es sich bloß um einen Eindämmungsversuch handelte, wie Vogt meint[44] oder um einen Verfolgungserlass. Denn als Reaktion auf dieses Edikt wurden vielerorts Christen exekutiert.[45]

6. Unter Maximinus Thrax

Für die angeblich unter Maximinus Thrax auf Rom beschränkte Christenverfolgung[46], gibt es keine früheren Belege als die Episode in Eusebius Kirchengeschichte, weshalb ihre Historizität anzuzweifeln ist. An der Möglichkeit lokaler Pogrome ändert dies allerdings nichts.

7. Unter Decius

Einen ersten schwereren Schlag erfuhr die Kirche unter Decius. Nach ca. zwei Jahrhunderten in denen Christen lokal begrenzten Pogromen ausgesetzt waren, sahen sie sich erstmals, aufgrund eines kaiserlichen Erlasses, reichsweit bedroht!

Das sogenannte decische Opferedikt enthielt, soweit wir wissen, keine dezidiert antichristlichen Passagen, aber es forderte die gesamte Reichsbevölkerung, unter Androhung von Strafe, dazu auf vor einer Kommission den Göttern zu opfern.[47] Dass die Juden von der Opferforderung nicht betroffen waren, überrascht nicht.[48]

Ein Rekonstruktionsversuch: *„Daß alle, Männer, Weiber, Sklaven, selbst Säuglinge Schlacht und Trankopfer darbringen und von dem Opferfleisch wirklich kosten sollten."*[49] Das Gebot dürfte wohl kurz nach der erfolgreichen Usurpation des Decius, zur Feier seines *dies imperii*, verkündet worden und eine verschärfte *supplicatio* sein.[50]

Als Ursache nahmen die Christen den Hass des Decius auf seinen Vorgänger Philippus Arabs an.[51] Durch dieses Opfergebot und dessen reichsweiter Durchführung sahen sich nun die Christen in ihrer Existenz bedroht und interpretierten das Edikt als allein gegen sich gerichtet.[52]

---

[44] Vogt, 1954 Sp. 1180.
[45] Eus. hist. eccl. VI 1-5.
[46] Eus. hist. eccl. VI 28.
[47] Selinger, 1994 S. 29.
[48] Selinger, 1994 S. 106.
[49] August Bludau: *Die ägyptischen Libelli und die Christenverfolgung des Kaiser Decius.* Freiburg, 1931, S. 31.
[50] Selinger, 1994 S. 42; 79.
[51] Eus. hist. eccl. VI 39, 1.
[52] Selinger, 1994 S. 30-31.

Diese christliche Interpretation wird durch den Fund der ägyptischen Opferbescheinigungen, *libelli* genannt, allerdings widerlegt. Denn die Existenz der Opferbescheinigung einer Priesterin des Petesuchos[53] lässt sich nur durch ein die Gesamtbevölkerung betreffendes Opfergebot zufriedenstellend erklären.

Allerdings darf man doch annehmen, dass Decius gewusst haben musste, dass es zu Problemen kommen werden würde. Immerhin war er nicht aus dem All herab auf die Erde gefallen und zum Kaiser geworden, sondern hatte eine militärische Karriere hinter sich, hatte also mit Sicherheit gewusst, dass es Christen gab und dass diese das Opfer verweigern würden.

Vielleich stimmt ja die Annahme Portmanns, Decius habe gedacht, dass sein Edikt von den Christen toleriert und befolgt werden könne[54], aber zu sagen, Decius habe keine Verfolgung gewollt, ist falsch. Es ist insofern falsch, als man unterscheiden muss zwischen dem Initiieren einer Verfolgung, wie es Valerian und Diocletian taten, und dem Inkaufnehmen von Verfolgungen, wie es Decius tat. Um die Sache zu veranschaulichen: Wenn in Ohio ein Gesetz erlassen würde, dass alle Haushalte unter Strafe auffordert, ein Fernsehgerät zu besitzen, so würde es unweigerlich zu Konflikten mit den ca. 71.800 Amischen[55] in Ohio kommen, da diese ja moderne Technologie weitestgehend ablehnen. Der Staat Ohio erließe zwar kein Gesetz gegen die Amischen, bei der Formulierung des Gesetzes war aber das Wissen um deren Eigenheiten vorhanden. Das Inkraftsetzen dieses Gesetzes will zwar keinen Konflikt provozieren, die Amisch könnten ja Fernsehgeräte kaufen, geht dem Konflikt aber nicht aus dem Weg, denn wenn sie es nicht tun, werden sie bestraft!

Ähnlich verhält es sich mit dem decischen Opferedikt. Die Christen könnten ja wie alle anderen auch opfern, tun sie es nicht, werden sie wie alle anderen Verweigerer bestraft. Die Attraktivität zum Opfer wurde aus der scheinbar recht liberalen Haltung der Opferkommissionen verstärkt. Zumindest in den ägyptischen *libelli* kommt es mehr als einmal vor, dass *„Die Kommissionen bestätigten also nicht nur den beim Opfer persönlich Anwesendem, dem Befehl des Kaisers nachgekommen zu sein. Der Opfervollzug durch ein Familienmitglied genügte, um die Bestätigung der Opferkommission für die ganze Familie und deren Gesindel zu erlangen."*[56] Dass dieses Vorgehen scheinbar sehr effektiv war, zeigen die Klagen christlicher Autoren dieser Zeit über die Masse an *lapsi*, die lieber ihr weltliches

---

[53] Bludau, 1931 S. 3 Nr. 3.
[54] Portmann, 1990 S. 239.
[55] S.d. Amische, in: https://de.wikipedia.org/wiki/Amische#Pennsylvania_und_US-Amerika [abgerufen am 21.07. 2016].
[56] Selinger, 1990 S. 103.

Leben retten, als sich dem Martyrium hingeben.[57] Aber ein ebenfalls nicht unerheblicher Teil der Christen hielt im Glauben aus, weshalb auch der Mut derer, die sich erfolgreich widersetzten, gepriesen wird.[58] Ein unvorhergesehener Nebeneffekt des decischen Ediktes war die theologische Spaltung wie innerkirchlich mit *traditores* (Personen mit Weihegrad die, auch nur zum Schein, hl. Schriften und liturgische Gegenstände ausgeliefert hatten) und *lapsi* zu verfahren sei.[59]

8. Unter Valerian

Sechs Jahre nach dem Tod des Decius erließ Valerian, 257 und 258 n. Chr. zwei Edikte, die ein scharfes Vorgehen gegen den christlichen Klerus und die Gläubigen ermöglichten. Zunächst verschärfte er die alten decischen Maßnahmen durch die spezielle Opferforderung an christliche Priester und ein generelles Versammlungsverbot für Christen.[60] Der Inhaltes des Ediktes von 258 n. Chr. war laut Cyprian folgendermaßen:

> *„Wisset jedoch, daß nun die Boten zurückgekommen sind, die ich deshalb nach Rom geschickt hatte, um den wahren Inhalt des auf uns bezüglichen Erlasses zu ermitteln und uns zu melden, wie er auch lauten möge. Denn es sind darüber gar widersprechende und unsichere Gerüchte verbreitet. In Wahrheit aber verhält es sich damit folgendermaßen: Valerianus hat an den Senat die Verordnung erlassen, die Bischöfe, Presbyter und Diakone sollten sofort hingerichtet werden, die Senatoren aber und die ehrenwerten Männer und römischen Ritter sollten ihrer Würde und ihrer Güter verlustig gehen, und wenn sie auch nach der Einziehung ihres Vermögens noch weiter Christen blieben, sollten sie gleichfalls mit dem Tode bestraft werden; vornehme Frauen solle man unter Verlust ihrer Güter in die Verbannung schicken, alle kaiserlichen Beamten jedoch, die schon früher das Bekenntnis abgelegt hätten oder es jetzt noch ablegten, solle man absetzen und gefesselt samt den Akten auf die kaiserlichen Besitzungen bringen lassen."* (Cyprian. Ep. 80, 1 BKV)

Da Valerian bereits 253 n. Chr. Kaiser geworden und nicht durch eine feindselige Haltung aufgefallen war, trafen die Edikte von 257 und 258 n. Chr. die Christen vollkommen unerwartet und wie ein Hammerschlag. Die Christen suchten nun natürlich nach einer Erklärung bzw. einen Schuldigen für den plötzlichen Politikwechsel des Valerian und fanden ihn in einem ehemaligen Finanzbeamten und angeblichen ägyptischen Magier namens Macrianus.[61] Dass Macrianus diese unrühmliche Rolle zu Teil wurde, dürfte wohl in dem ganz eindeutigen Ziel, neben der Zerschlagung der Kirchenstruktur, der finanziellen

---

[57] Cypr. de laps. 8-9; 13-14; vgl. Portmann, 1990 S. 240.
[58] Cypr. de laps. 1-3.
[59] Portmann, 1990 S. 240.
[60] Acta Proc. Cypr. 1, 1-8; Cypr. ep. 76-81; Eus. hist. eccl. VII 10- 11, 4.
[61] Eus. hist. eccl. VII 10.

Bereicherung des Staates, liegen. Während bisher das Vermögen der verurteilten Christen selten eingezogen worden war, wurde die Konfiskation nun durch die Edikte zum Standard bei einem Christenprozess! Nachdem 260 n. Chr. Valerian in sasanidische Gefangenschaft geraten war, was von den Christen als Strafe Gottes für die Verfolgung angesehen wurde, hob sein Sohn Gallienus die Edikte nicht nur wieder auf, sondern befahl auch die Rückgabe der konfiszierten Güter![62] Mit Ausnahme eines kurzen Intermezzos 275 n. Chr. sollten sich die Christen in den nächsten 40 Jahre einer relativ stabilen Sicherheit erfreuen.

9. Unter Aurelian

Unter der Regierung des Aurelian erfreuten sich die Christen zunächst der selben Rechte wie sie von Gallerius gewährt worden waren. Kurz vor dem abrupten Ende seiner Herrschaft beschloss Aurelian aber plötzlich gegen die Christen vorzugehen. Der Grund für seinen Umschwung könnte darin bestanden haben, dass die Christen den von Aurelian massiv geförderten Sol Invictus Kult verweigerten. Um die Christen zu einem Haltungswechsel zu zwingen soll Aurelian Pläne für eine neue Verfolgung geschmiedet haben, deren Ausführung nur durch seine Ermordung 175 n. Chr. verhindert worden waren.[63] Dennoch kam es 275 n. Chr. zu zahlreichen Martyrien, vermutlich durch Pogrome im sechsmonatigen Interregnum bis zur Amtseinführung des Tacitus verursacht. Ob das Wissen um die geplante Verfolgung oder bloß das nicht Vorhandensein der kaiserlichen Schutzmacht zu diesen Pogromen führte kann nicht geklärt werden.[64] Von einer staatlichen Verfolgung kann also nicht die Rede sein, vor allem da wir nicht wissen was Aurelian geplant hatte. Wir haben nur die nachträgliche christliche Interpretation, die die Schuld für die Pogrome der Änderung der kaiserlichen Haltung geben will.

10. Unter Diocletian

Die letzte Bewährungsprobe der Kirche sollte 303 n. Chr. beginnen. Ähnlich wie bei Valerian brach auch hier das Unglück scheinbar unerwartet über die Christen herein. Diocletian hatte bereits seit 283 n. Chr. alleine geherrscht, und seit 293 n. Chr. gab es die Tetrarchie, ohne dass

---

[62] Eus. hist. eccl. VII 13.
[63] Paul Keresztes: The Imperial Roman Government end the Christian Church. II from Galienus to the Great Persecution, in: Wolfgang Haase (Hrsg.): *ANRW. II Principat Bd. 23.1, Religion (Vorkonstantinisches Christentum: Verhältnis vom römischen Staat und heidnischer Religion)*. Berlin, 1979, S. 381-382.
[64] Keresztes, 1979 S. 383.

die Christen in besonderer Weis gelitten hätten. Als Vorzeichen hätte die, irgendwann zwischen 300 und 303 n. Chr. stattfindende, Säuberung des Heeres und Hofes von Christen sein können.[65] 303 n. Chr. brach erneut eine reichsweite Verfolgungswelle aus, der primär die Kleriker zum Opfer fielen. Die Schuld für diese Verfolgung gaben die christlichen Autoren den Kaisern Galerius und Diocletian, wobei Galerius mit dem, von seiner Mutter angestachelten, Christenhass die treibende Kraft gewesen sein soll.[66] Die Zuschreibung der Hauptschuld an Galerius liegt aber eher an seiner später eingetretenen schweren Erkrankung, die als Strafe Gottes ausgelegt wurde.[67] Und wofür sollte er sonst von Gott bestraft werden, wenn nicht für die Verfolgung der Kirche? Eine interessante These stellt Portmann auf, indem er sich auf die, nur in Eusebs Kirchengeschichte erwähnten, der Verfolgung vorausgehenden Zwistigkeiten in der Kirche beruft.[68] Portmann zufolge hatte die decische Verfolgung Dispute über die *lapsi* ausgelöst[69], die unter Valerian immer noch nicht beigelegt waren sondern sich vielmehr noch zusätzlich um den sog. Ketzertaufstreit erweitert hatten[70], so dass sich Valerian im Interesse der öffentlichen Ordnung zum einschreiten genötigt sah.[71] Eben dieses Einschreiten des Valerian wäre dann das Vorbild bei den Verfolgungserlässen von 303 n. Chr. gewesen. Nur hierbei seien die Unruhen nicht durch theologische Fragen entstanden, sondern durch die *„grundsätzliche Umstrukturierung der christlichen Hierarchie"*[72], sprich der Entwicklung von Bistümern und deren Hierarchisierung, sei es zwischen den Bischöfen und den Gemeinden zu heftigen Auseinandersetzungen gekommen.[73]

Diese These, dass die Auseinandersetzungen zwischen christlichen Gruppen die Tetrachen dazu zwangen im Interesse der öffentlichen Ordnung einzuschreiten, wirkt wesentlich befriedigender und mit unserem Befund über die früheren staatlichen „Verfolgungen" übereinstimmender, als die rein auf der personalen Motivation der Tetrachen beruhenden Erklärungsversuche. Das einzige Problem dieser These ist ihre Beweisbarkeit, denn die einzigen Hinweise auf solche Zwistigkeiten finden sich nur in zwei Werken des Eusebius[74] und sind dort auch nur sehr oberflächlich behandelt, weshalb wir nicht beurteilen können, in welchem Ausmaß wirklich innerkirchlich gestritten worden ist.

---

[65] Lact. mort. pers. X; Lact. div. inst. IV 27, 4.
[66] Lact. mort. pers. 10-12; Eus. vit. Const. I 57, 1; 58, 1; vgl. Portmann, 1990 S. 212-219.
[67] Eus. hist. eccl. VIII 16, 2-5; Lact. mort. pers. 33; 35, 3.
[68] Eus. hist. eccl. VIII 1, 7- 2, 3; vgl. Portmann, 1990 S. 215; 224-228.
[69] Portmann, 1990 S. 239-240.
[70] Portmann, 1990 S. 242.
[71] Portmann, 1990 S. 243.
[72] Portmann, 1990 S. 229.
[73] Portmann, 1990 S. 229-231.
[74] Eus. hist. eccl. VIII 1, 7 - 2, 2; X 4, 11-12. 33-34, 49-50, 57-58; Eus. mart. pal. 12.

Auch wenn die christlichen Quellen nicht viel über die Motivation der Verfolgung sagen können, so darf aber doch nicht übersehen werden, dass Diocletian bereits einige Jahre vor seiner Christenverfolgung eine Religion verfolgen lies. Im Jahr 297 oder 298 n. Chr. wurde das sog. Manichäeredikt erlassen, welches den Manichäismus im römischen Reich verbot. Als Begründung hierfür dienten einerseits der Vorwurf der Einführung eines neuartigen Aberglaubens, andererseits das Gefährden der öffentlichen Ordnung (Manichäer waren für die Unruhen in *Africa proconsularis* verantwortlich gewesen).[75] Da dieses Einschreiten der Tetrarchen zahlreiche Parallelen zu den späteren Christenverfolgungen aufweist, wirkt Portmanns These, auch wenn sie dadurch aber immer noch nicht beweisbar ist, um einiges plausibler!

Sei es wie es sei, was mit Sicherheit feststeht, dass es zu Verfolgungen gekommen ist und diese sich primär auf die kirchlichen Amtsträger bezogen haben und schließlich auch die anderen Gläubigen erfasste.

„Es war das neunzehnte Jahr der Regierung des Diokletian, der Monat Dystros, bei den Römern Martius genannt, als beim Herannahen des Festes des erlösenden Leidens allenthalben ein kaiserlicher Erlaß angeschlagen wurde, welcher befahl, die Kirchen bis auf den Grund niederzureißen und die Schriften zu verbrennen, und verfügte, daß Inhaber von Ehrenstellen die bürgerlichen Rechte und Bedienstete, sofern sie im Bekenntnis des Christentums verharrten, die Freiheit verlieren sollten. So lautete das erste Dekret gegen uns. Bald darauf erschien ein zweiter Erlaß, wornach alle Vorsteher allerorts zuerst in Fesseln gelegt und dann auf jede Weise zum Opfern gezwungen werden sollten." (Eus. Hist. Eccl. VIII 2, 4)

Auch nach dem Rücktritt des Diocletian und des Maximian am 1. Mai 305 n. Chr. ging die Christenverfolgung unverändert weiter. Erst im Frühjahr 311 n. Chr. wurden die Verfolgungen beendet. Es war eben jener Galerius der in den christlichen Quellen als Christenhasser gebrandmarkt wird, der mit seinem Toleranzedikt den Verfolgungen ein Ende setzte und den Christen die freie Ausübung ihres Glaubens zusicherte.[76]

---

[75] Portmann, 1990 S. 223.
[76] Eus. hist. eccl. VIII 17, 3-10; Lact. mort. pers. 34.

14

Resümee

Zusammenfassend lässt sich also folgendes über die Christenverfolgungen im römischen Reich sagen:

I.   Die Christen wurden seit ihren ersten innerjüdischen Missionsversuchen von den konservativen Juden als Abgefallene bekämpft. Entweder versuchten sie den Tod ihnen missliebiger Prediger durch Aufwiegelung von Teilen der Bevölkerung in den Städten, seien es Juden oder Heiden, zur Lynchjustiz zu animieren oder indem sie Anzeige wegen Volksverhetzung bei den dafür zuständigen Magistraten einreichten.

II.   Von römisch-griechischer Seite ging die Bedrohung primär von der einfachen Bevölkerung aus. Diese war nur zu gerne bereit die gegen Juden gehegten Vorurteile auch auf Christen anzuwenden und bei genügend aufgestautem Unmut diese als Sündenböcke herzunehmen und den Unmut an ihnen gewaltsam auszulassen. Die römischen Magistrate des 1. und 2. Jh. n. Chr. hingegen wurden in der Regel nur dann gegen Christen aktiv, wenn diese irgendwie in die Gefährdung der öffentlichen Ordnung involviert waren oder verdächtigt wurden involviert zu sein. Daran änderten auch die Hinrichtungen unter Nero nichts, und diese überwachende Haltung wurde von Trajan sogar offiziell betätigt.

III.   Im 3. Jh. n. Chr. vollzog sich insofern ein Mentalitätswandel, dass auch die Kaiser ein verstärktes Interesse an der Einhaltung der alten Kulte zeigten. Severus versuchte mittels Konversionsverbotes eine Ausbreitung von Christen- und Judentum zu verhindern was zu einer neuen Welle an Christenprozessen führte. Decius war der erste, der eine reichsweite Opferverordnung erließ, deren Einhaltung kommissionell überwacht wurde, wodurch man von einer staatlich verordneten Verfolgung der Opferverweigerer sprechen kann. Zunächst Valerian, später Diocletian versuchten die Christen dadurch zu vernichten, dass sie gezielt die christlichen Würdenträger exekutierten und sakrale Objekte zerstörten.

Der römische Staat kam also dadurch, dass er im Reich für Ordnung zu sorgen hatte, nach und nach immer stärker in eine gegen die Christen gerichtete Position. Von Verfolgungen, die vom Kaiser, als Repräsentanten des Staates verordnet und zusätzlich durch religiöse Gründe motiviert waren, kam es aber erst ab der Mitte des 3. Jh. n. Chr..

Bibliographie

Quellen

Sextus Aurelius Victor: *Die römischen Kaiser. Liber de Caesaribus. Lateinisch –Deutsch.* Übersetzt von M. Fuhrmann, Zürich, 1997.

Augustinus: De civitate Dei, in: Bibliothek der Kirchenväter, https://www.unifr.ch/bkv/awerk.htm [abgerufen am 23.3.2016].

Die Bibel in der Einheitsübersetzung: in: https://www.uibk.ac.at/theol/leseraum/bibel/ [abgerufen am 23.3.2016].

August Bludau: *Die ägyptischen Libelli und die Christenverfolgung des Kaiser Decius.* Freiburg, 1931.

Cassius Dio: *Römische Geschichte.* Übersetzt von Otto Veh, Berlin, 2009.

Clemens von Rom: Erster Brief des Clemens an die Korinther, in: Bibliothek der Kirchenväter, https://www.unifr.ch/bkv/awerk.htm [abgerufen am 23.3.2016].

Cyprian: De lapsis, in: Bibliothek der Kirchenväter, https://www.unifr.ch/bkv/awerk.htm [abgerufen am 23.3.2016].

Cyprian: Epistulae, in: Bibliothek der Kirchenväter, https://www.unifr.ch/bkv/awerk.htm [abgerufen am 23.3.2016].

Eusebius von Caesarea: Historia Ecclesiastica, in: Bibliothek der Kirchenväter, https://www.unifr.ch/bkv/awerk.htm [abgerufen am 23.3.2016].

Eusebius von Caesarea: Vita Constantini et Oratio ad coetum sanctorum, in: Bibliothek der Kirchenväter, https://www.unifr.ch/bkv/awerk.htm [abgerufen am 23.3.2016].

Eusebius von Caesarea: De martyribus palaestinae, in: Bibliothek der Kirchenväter, https://www.unifr.ch/bkv/awerk.htm [abgerufen am 23.3.2016].

Flavius Josephus: *Jüdische Altertümer.* Übersetzt und mit Einleitung und Anmerkungen versehen von Dr. Heinrich Clementz, II. Bd. Köln, 1959 (Nachdruck der Ausgabe von 1899).

Historiae Augustae: *Historia Augusta. Römische Herrschergestalten.* Eingeleitet und übersetzt von Ernst Hohl, bearbeitet von Elke Merten. Zürich, 1976.

Lactanz: De mortibus persecutorum, in: Bibliothek der Kirchenväter, https://www.unifr.ch/bkv/awerk.htm [abgerufen am 23.3.2016].

Lactanz: Epitome divinarum institutionum, in: Bibliothek der Kirchenväter, https://www.unifr.ch/bkv/awerk.htm [abgerufen am 23.3.2016].

Märtyrerakten: Acta Proconsularia Sancti Cypriani, in: Bibliothek der Kirchenväter, https://www.unifr.ch/bkv/awerk.htm [abgerufen am 23.3.2016].

Paulus Orosius: *Die antike Weltgeschichte in christlicher Sicht.* Übersetzt und erläutert von Adolf Lippold, Zürich, 1986.

Plinius Caecilius Secundus: *Sämtliche Briefe.* Übersetzt von André Lambert, Walter Rüegg (Hrsg.), Zürich, 1969.

Gaius Suetonius Tranquillus: *Kaiserbiographien.* Lateinisch und deutsch von Otto Wittstock, Berlin, 1933.

Publius Cornelius Tacitus: *Annalen. Lateinisch und deutsch.* Herausgegeben von Erich Heller. München, 1982.

Tertulian: Apologeticum, in: Bibliothek der Kirchenväter, https://www.unifr.ch/bkv/awerk.htm [abgerufen am 23.3.2016].

Literatur

Paul Keresztes: The Imperial Roman Government end the Christian Church. II from Galienus to the Great Persecution, in: Wolfgang Haase (Hrsg.): *ANRW II Principat Bd. 23.1, Religion (Vorkonstantinisches Christentum: Verhältnis vom römischen Staat und heidnischer Religion).* Berlin, 1979, S. 375-386.

Gustav Wilhelm Nebe: *Text und Sprache der hebräischen Weisheitsschrift aus der Kairoer Geniza.* (Heidelberger Orientalische Studien). Heidelberg, 1993.

Werner Portmann, Zu den Motiven der diokletianischen Christenverfolgung, in: *Historia* 39, 1990 S. 212-248.

Alfons Maria Schneider: Die ältesten Denkmäler der Römischen Kirche. in: *Festschrift zur Feier des 200 jährigen Bestehens der Akademie der Wissenschaften in Göttingen. Bd. 2* Göttingen, 1951.

Udo Schnelle: *Die ersten 100 Jahre des Christentums. 30-130 n. Chr. Die Entstehungsgeschichte einer Weltreligion.* Stuttgart, 2015. S. 194-195.

Reinhard Selinger: *Die Religionspolitik des Kaiser Decius. Anatomie einer Christenverfolgung.* Frankfurt, 1994.

Marcel Simon: *RAC* XI (1981) Sp. 1060-1070 s.v. Gottesfürchtiger.

Wikipedia: Amische: in: https://de.wikipedia.org/wiki/Amische - Pennsylvania_und_US-Amerika [abgerufen am 21.07. 2016].

Joseph Vogt: *RAC* II (1954) Sp. 1160 sv. Christenverfolgung I (historisch).